Matthias Fiedler

Idea de la correlación inmobiliaria innovadora: colocación inmobiliaria simplificada

Correlación inmobiliaria: la colocación inmobiliaria eficiente, simplificada y profesional a través de un innovador portal de correlación inmobiliaria

Aviso legal

1ª edición como libro impreso | febrero 2017
Español (México)
(Publicado originalmente en alemán, diciembre de 2016)

© 2016 Matthias Fiedler

Matthias Fiedler
Erika-von-Brockdorff-Str. 19
41352 Korschenbroich
Alemania
www.matthiasfiedler.net

Producción e impresión:
Consultar la impresión en la última página

Diseño de portada: Matthias Fiedler
Elaboración del libro digital: Matthias Fiedler

ISBN-13 (edición de bolsillo): 978-3-947184-91-0
ISBN-13 (libro digital mobi): 978-3-947184-27-9
ISBN-13 (libro digital epub): 978-3-947184-28-6

Información bibliográfica de la Biblioteca Nacional de Alemania: La Biblioteca Nacional de Alemania registra esta publicación en la Bibliografía Nacional Alemana. La información bibliográfica detallada está disponible en Internet a través de: http://dnb.d-nb.de.

RESUMEN

En este libro se explicará un concepto revolucionario para un portal de correlación inmobiliaria a nivel mundial (App – aplicación) calculando el considerable potencial de ventas (miles de millones de euros), y el cual se integrará en un software para agentes de bienes raíces que incluya la valoración de inmuebles (potencial de ventas de billones de euros).

De esta manera se pueden colocar de manera eficiente y sin pérdida de tiempo bienes inmuebles habitacionales y comerciales, de uso propio o alquilados. Es el futuro de la colocación inmobiliaria profesional e innovadora para todos los agentes de bienes raíces e interesados en bienes inmuebles. La correlación inmobiliaria funciona en casi todos los países e incluso de manera transnacional.

En lugar de "llevar" bienes inmuebles al comprador o al inquilino, en el portal de correlación inmobiliaria se califica (perfil de búsqueda) a los interesados en bienes inmuebles y se les compara y vincula con los bienes inmuebles del agente de bienes raíces que se deseen colocar.

CONTENIDO

PRÓLOGO

En el año 2011 se me ocurrió y desarrollé la idea aquí descrita de la correlación inmobiliaria innovadora.

Desde 1998 me dedico al negocio de los bienes raíces (entre otros a la colocación inmobiliaria, compraventa, valoración, alquiler y desarrollo de terrenos). Entre otras cosas, soy administrador de empresas inmobiliarias (Cámara de Comercio e Industria, IHK), economista inmobiliario titulado (Academia para los bienes raíces, ADI) y perito en valoración de inmuebles (asociación alemana de verificación DEKRA), así como miembro de la Royal Institution of Chartered Surveyors (MRICS por sus siglas en inglés), asociación inmobiliaria de reconocimiento a nivel mundial.

Matthias Fiedler
Korschenbroich (Alemania) a 31/10/2016
www.matthiasfiedler.net

1. Idea de la correlación inmobiliaria innovadora: colocación inmobiliaria simplificada

Correlación inmobiliaria: la colocación inmobiliaria eficiente, simplificada y profesional a través de un innovador portal de correlación inmobiliaria

En lugar de "llevar" bienes inmuebles al comprador o al inquilino, en el portal de correlación inmobiliaria (App – aplicación) se califica (perfil de búsqueda) a los interesados en bienes inmuebles y se les compara y vincula con los bienes inmuebles del agente de bienes raíces que se deseen colocar.

2. Objetivos de los interesados en bienes inmuebles y de los proveedores de bienes inmuebles

Desde el punto de vista de un vendedor y arrendador de bienes raíces, es importante vender y/o rentar su bien inmueble rápidamente y al precio más alto posible.

Desde el punto de vista de los interesados en la compra o el alquiler, es importante encontrar un bien inmueble que cumpla con los deseos propios, así como poderlo comprar y/o alquilar de manera rápida y sin problemas.

3. Procedimiento actual en la búsqueda de bienes raíces

Generalmente, las personas interesadas examinan los bienes inmuebles en la región que desean en los grandes portales de bienes raíces en Internet. Ahí pueden pedir que se les envíen prospectos de bienes inmuebles o una lista con los enlaces correspondientes a los bienes raíces por correo electrónico, después de haber creado un breve perfil de búsqueda. Con frecuencia esto se realiza en 2 o 3 portales de bienes raíces. Al final se contacta a los proveedores generalmente por correo electrónico. De esta manera los proveedores reciben la posibilidad y la autorización de ponerse en contacto con los interesados.

Además de esto, las personas interesadas contactan a agentes individuales de bienes raíces en la región deseada y también ahí se establece un perfil de búsqueda.

Los proveedores en el portal de bienes raíces son proveedores privados y comerciales. Los proveedores comerciales son en su mayoría agentes de bienes raíces y en parte empresas constructoras, comercializadoras de bienes raíces y otras empresas de bienes raíces (los proveedores comerciales se denominan agentes de bienes raíces en el texto).

4. Desventaja para el proveedor privado / ventaja para el agente de bienes raíces

En el caso de bienes inmuebles en venta, no siempre se garantiza por parte de los vendedores privados una venta inmediata, ya que por ejemplo en un bien inmueble heredado podría no existir un acuerdo entre los herederos o podría no tenerse el certificado de herencia. Además, los asuntos legales no aclarados, como por ejemplo un usufructo, pueden dificultar la venta.

En los bienes raíces de alquiler puede suceder que el arrendador privado no cuente con los permisos de las autoridades, por ejemplo, cuando un bien inmueble comercial (o una superficie comercial) se desee arrendar como vivienda.

Cuando el proveedor es un agente de bienes raíces, este generalmente habrá aclarado los aspectos antes mencionados. Además, con frecuencia ya se tendrán todos los documentos relevantes del bien inmueble (plano, plano de ubicación, certificado energético, catastro, documentos oficiales, etc.). De esta manera es posible realizar la venta o el alquiler de manera rápida y sin complicaciones.

5. Correlación inmobiliaria

Para lograr una correlación rápida y eficiente entre los interesados y el vendedor o arrendador, generalmente es importante ofrecer un enfoque sistematizado y profesional.

Esto se logra mediante un procedimiento o proceso realizado de forma inversa para la búsqueda y el encuentro entre el agente de bienes raíces y los interesados. Es decir que en lugar de "llevar" bienes inmuebles al comprador o al inquilino, en el portal de correlación inmobiliaria (App – aplicación) se califica (perfil de búsqueda) a los interesados en bienes inmuebles y se les compara y vincula con los bienes inmuebles del agente de bienes raíces que se deseen colocar.

En el primer paso, los interesados establecen un perfil de búsqueda en el portal de correlación inmobiliaria. Este perfil de búsqueda contiene aproximadamente 20 características. Entre otras, las siguientes características (no se mencionan todas) son esenciales para el perfil de búsqueda:

- región/ código postal / lugar;
- tipo de bien;
- tamaño del terreno;
- superficie habitable;
- precio de compra/alquiler;
- año de construcción;
- piso;
- número de habitaciones;
- rentado (sí/ no);
- sótano (sí/ no);
- balcón/ terraza (sí/ no);
- tipo de calefacción;
- lugar de estacionamiento (sí/ no).

Aquí es importante que las características no se inserten libremente, sino que estas sean seleccionadas al hacer clic o abrir el campo de la característica correspondiente (por ejemplo, "tipo de bien") en una lista con posibilidades/ opciones predeterminadas (por ejemplo, en el tipo de bien: departamento, casa sola, almacén, oficina, etc.).

Los interesados pueden tener la opción de crear perfiles de búsqueda adicionales. También es posible modificar el perfil de búsqueda.

Los interesados también ingresan la información de contacto completa en los campos predeterminados. Esta incluye el apellido, el nombre, la calle, el número, el código postal, la ciudad, el número telefónico y la dirección de correo electrónico.

En este sentido, los interesados expresan su autorización para que el agente de bienes raíces pueda contactarlos y enviarles prospectos de bienes inmuebles.

Adicionalmente, los interesados celebran un contrato con el operador del portal de correlación inmobiliaria.

En el siguiente paso, mediante una interfaz de programación de aplicaciones (API – Application Programming Interface) comparable, por ejemplo, con la interfaz de programación de aplicaciones "openimmo" en Alemania, los perfiles de búsqueda están disponibles para los agentes de bienes raíces asociados, pero no son visibles todavía. Aquí se debe mencionar que esta interfaz de programación de aplicaciones, es básicamente la llave para la implementación y debe soportar prácticamente todas las aplicaciones de software para agentes de bienes raíces utilizadas en la práctica, es decir, garantizar la migración. De no ser posible, se debe buscar una solución técnica. Ya que en la práctica ya existen interfaces de programación de aplicaciones, como la antes mencionada "openimmo", entre otras interfaces de programación, la migración de los perfiles debe búsqueda debe ser posible.

Entonces, los agentes de bienes raíces pueden comparar sus bienes inmuebles disponibles para la colocación con los perfiles de búsqueda. Para esto los bienes raíces se procesan en el portal de correlación inmobiliaria y se comparan y vinculan las características correspondientes.

Después de una comparación exitosa, se obtiene una correlación con un valor porcentual correspondiente. A partir de una correlación de por ejemplo 50%, los perfiles de búsqueda estarán visibles en el software del agente de bienes raíces. Las características individuales se ponderan entre ellas (sistema de puntos) para que después de una comparación de las características se obtenga un porcentaje para la correlación (probabilidad de conformidad). Por ejemplo, la característica "tipo de bien" podría tener una mayor ponderación que la característica "superficie habitable". También se podrían seleccionar ciertas características específicas (por ejemplo, sótano) que el bien inmueble deba tener.

Durante la comparación de las características para la correlación se debe tener cuidado de que el agente de bienes raíces solo tenga acceso a sus regiones deseadas (reservadas). Esto reduce el trabajo para la comparación de datos, ya que con frecuencia los agentes de bienes raíces trabajan regionalmente. Se debe mencionar que mediante la llamada "Cloud" (nube) hoy en día es posible guardar y procesar grandes cantidades de datos.

Para garantizar una colocación inmobiliaria profesional, solo los agentes de bienes raíces reciben acceso a los perfiles de búsqueda.

Para esto los agentes de bienes raíces celebran un contrato con el operador del portal de correlación inmobiliaria.

Después de la comparación/ correlación correspondiente, los agentes de bienes raíces pueden contactar a los interesados y de la misma manera los interesados a los agentes de bienes raíces. Esto también significa que cuando los agentes de bienes raíces hayan enviado al interesado un prospecto, se documentará el desempeño de un servicio profesional por parte del agente, y así, también el derecho del agente de bienes raíces a recibir una comisión en caso de compra o alquiler.

Esto supone que el agente de bienes raíces haya sido encomendado a la colocación del bien inmueble o que tenga la autorización de poder ofrecer dicho bien inmueble por parte del propietario (vendedor o arrendador).

6. Ámbitos de aplicación

La correlación inmobiliaria aquí descrita se puede utilizar para la compra y alquiler de bienes raíces en el sector de bienes inmuebles habitacionales y comerciales. Para los bienes inmuebles comerciales se requieren características correspondientes y adicionales de dichos bienes raíces.

Por parte del interesado puede también haber un agente de bienes raíces, lo cual es común en la práctica, cuando por ejemplo actúa en representación de sus clientes.

Desde un punto de vista geográfico, el portal de correlación inmobiliaria se puede utilizar en prácticamente todos los países.

7. Ventajas

Esta correlación inmobiliaria ofrece grandes ventajas para los interesados cuando buscan, por ejemplo, un bien inmueble en su región (lugar de residencia) o en otra ciudad/ región a causa de un cambio laboral.

El perfil de búsqueda se configura solo una vez y los interesados reciben por parte de los agentes de bienes raíces activos en la región deseada los bienes inmuebles adecuados.

Para los agentes de bienes raíces se obtienen grandes ventajas respecto a la eficiencia y al ahorro de tiempo para la venta y/o alquiler.

Reciben de inmediato un resumen general de qué tan alto es el potencial de interesados específicos para los bienes raíces que ofrecen.

Asimismo, los agentes de bienes raíces pueden contactar directamente a su grupo objetivo relevante (mediante el envío del prospecto del bien inmueble, entre otras formas), el cual al momento de crear el perfil de búsqueda ha reflexionado concretamente sobre sus deseos.

Esto eleva la calidad del contacto con los interesados que saben lo que buscan. De esta manera se reduce el número de las citas de demostración subsecuentes. Así, se reduce el tiempo total de comercialización para los bienes raíces que se desean colocar.

Tras la visita de los interesados al bien inmueble en oferta, sigue, como es común, el cierre de un contrato de compraventa o alquiler.

8. Ejemplo de cálculo (potencial): solo casas y departamentos ocupados por sus propietarios (sin casas y departamentos rentados y bienes inmuebles comerciales)

En el siguiente ejemplo se podrá ver el potencial que tiene el portal de correlación inmobiliaria.

En una zona con 250,000 habitantes, como la ciudad de Mönchengladbach en Alemania, existen 125,000 hogares, cifra redondeada estadísticamente (2 habitantes por hogar). La tasa de mudanza promedio es de aprox. 10%. Es decir que 12,500 hogares se mudan por año sin considerar mudanzas hacia y fuera de Mönchengladbach. De estos, aproximadamente 10,000 hogares (80%) buscan un bien raíz de alquiler y aproximadamente 2,500 hogares (20%) un bien raíz en venta.

Según el reporte del mercado de terrenos de la comisión de peritos de la ciudad de

Mönchengladbach, en el 2012 hubo 2,613 casos de compraventa de bienes raíces. Esto confirma el número antes mencionado de 2,500 interesados en compraventa. En realidad serán más, ya que por ejemplo no todos los interesados habrán encontrado su bien inmueble. Aproximadamente el número de interesados reales, o concretamente el número de perfiles de búsqueda, será el doble de la tasa de mudanza promedio de aproximadamente 10%, es decir 25,000 perfiles de búsqueda. Esto pondera, entre otras cosas, que los interesados registren varios perfiles de búsqueda en el portal de correlación inmobiliaria.

También se debe mencionar que hasta ahora, de acuerdo a la experiencia, cerca de la mitad de todos los interesados (comprador e inquilino) ha encontrado su bien inmueble a través de un agente de bienes raíces, lo que constituye un total de 6,250 hogares.

La experiencia demuestra, sin embargo, que por lo menos 70% de todos los hogares buscaron en portales inmobiliarios en Internet, es decir 8,750 hogares (que corresponde a 17,500 perfiles de búsqueda).

Si el 30% de todos los interesados, es decir, 3,750 hogares (lo que corresponde a 7,500 perfiles de búsqueda) en una ciudad como Mönchengladbach, creara su perfil de búsqueda en el portal de correlación inmobiliaria (App – aplicación), los agentes de bienes raíces asociados podrían ofrecer sus bienes raíces adecuados a través de 1,500 perfiles de búsqueda concretos (20%) de interesados en compraventa y a través de 6,000 perfiles concretos (80%) de interesados en alquiler por año.

Es decir, que para una duración de búsqueda promedio de 10 meses y un precio ejemplar de 50 € por mes para cada perfil de búsqueda creado por los interesados, se tiene un potencial de ventas para 7,500 perfiles de búsqueda de 3,750,000 € por año en una ciudad de 250,000 habitantes.

En una extrapolación a la República Federal de Alemania con aproximadamente 80,000,000 (80 millones) de habitantes, se tiene un potencial de ventas de 1,200,000,000 € (1,200 millones de euros) por año. Si en lugar del 30% de todos los interesados, por ejemplo, el 40% de todos los interesados buscara su bien raíz a través del portal de correlación inmobiliaria, el potencial de ventas se elevaría a 1,600,000,000 € (1,600 millones de euros) por año.

Este potencial de ventas se refiere solo a las casas y departamentos ocupados por sus propietarios. Los bienes raíces de alquiler o generadores de ingresos en el sector de bienes inmuebles de uso habitacional y el sector completo de bienes inmuebles comerciales no se incluyen en este cálculo del potencial.

Con aproximadamente 50,000 empresas en Alemania en el sector de colocación inmobiliaria (incluyendo las empresas constructoras participantes, corredores inmobiliarios y otras compañías inmobiliarias) con cerca de 200,000 empleados y una participación ejemplar de 20% de estas 50,000 empresas que utilicen el portal de correlación inmobiliaria con 2 licencias en promedio, se obtiene, con un precio ejemplar de 300 € mensuales por licencia, un potencial de ventas de 72,000,000 € (72 millones de euros) por año. Además, se deberá tener una contabilización regional para el perfil de búsqueda local, de manera que, según la configuración, esto puede generar un potencial de ventas considerable adicional.

Debido a este enorme potencial de interesados con perfiles concretos de búsqueda, los agentes de bienes raíces ya no tendrían que actualizar permanentemente su propio banco de datos de interesados, si este existiera. Además, el número de perfiles de búsqueda vigentes probablemente excedería el número de perfiles de búsqueda creados por muchos agentes de bienes raíces en su banco de datos.

Si este innovador portal de correlación inmobiliaria fuera utilizado en varios países, los interesados de Alemania, por ejemplo, podrían crear un perfil de búsqueda para departamentos vacacionales en la isla mediterránea de Mallorca (España) y los agentes de bienes raíces asociados en Mallorca podrían a su vez presentar el departamento adecuado a sus interesados alemanes por correo electrónico. Si los prospectos enviados estuvieran escritos en español, los interesados podrían traducir el texto rápidamente al alemán con ayuda de programas de traducción en Internet.

Para poder correlacionar en distintos idiomas perfiles de búsqueda con bienes raíces que se desee colocar, en el portal de correlación inmobiliaria se podría realizar una comparación de las características correspondientes con base en las características (matemáticas) programadas, independientemente del idioma. Al final se asignaría el idioma correspondiente.

De usarse el portal de correlación inmobiliaria en todos los continentes el potencial de ventas antes calculado (solo interesados en búsqueda) se puede estimar de la siguiente manera mediante una extrapolación muy sencilla.

Población mundial:
7,500,000,000 (7,500 millones) de habitantes

1. Población en países industrializados o países mayormente industrializados: 2,000,000,000 (2,000 millones) de habitantes

2. Población en países emergentes: 4,000,000,000 (4,000 millones) de habitantes

3. Población en países en desarrollo: 1,500,000,000 (1,500 millones) de habitantes

El potencial de ventas anual de la República Federal de Alemania de 1,200 millones de euros con 80 millones de habitantes se puede extrapolar suponiendo los siguientes factores para los países industrializados, emergentes y en desarrollo.

1. Países industrializados: 1.0

2. Países emergentes: 0.4

3. Países en desarrollo: 0.1

Así se obtiene el siguiente potencial de ventas anual (1,200 millones de euros x población (países industrializados, emergentes o en desarrollo) / 80 millones de habitantes x factor).

1. Países industrializados: 30,000 millones de €

2. Países emergentes: 24,000 millones de €

3. Países en desarrollo: 2,250 millones de €

Total: **56,250 millones de €**

9. Conclusión

Con este portal de correlación inmobiliaria presentado se ofrecen ventajas significativas para los que están en busca de un bien inmueble (interesados) y para los agentes de bienes raíces.

1. Los interesados reducen considerablemente el tiempo de búsqueda de bienes inmuebles adecuados, ya que crean su perfil de búsqueda una sola vez.

2. Los agentes de bienes raíces tienen un panorama general sobre el número de interesados con deseos concretos (perfil de búsqueda).

3. Los agentes de bienes raíces les presentan a los interesados solo los bienes raíces deseados o adecuados según el perfil de búsqueda (prácticamente una preselección automática).

4. Los agentes de bienes raíces reducen su esfuerzo en el mantenimiento de sus bancos de datos personales de perfiles de búsqueda, ya que un elevado número de los perfiles de búsqueda actuales estará disponible permanentemente.

5. Como solo los agentes de bienes raíces/proveedores comerciales están asociados al portal de correlación inmobiliaria, los interesados estarán en contacto con agentes de bienes raíces profesionales y frecuentemente experimentados.

6. Los agentes de bienes raíces reducen el número de citas de demostración y la duración total de la comercialización. Por parte de los interesados también se reduce el número de citas de demostración y el tiempo hasta el cierre del contrato de compraventa o alquiler.

7. Los propietarios de los bienes inmuebles en venta y en alquiler también obtienen un ahorro de tiempo. Además, una menor desocupación en bienes raíces de alquiler y un pago más temprano del precio de venta en bienes raíces de compraventa, gracias a la agilización de los procesos de alquiler o compraventa, significan también una ventaja financiera.

Con la implementación o aplicación de esta idea de la correlación inmobiliaria, se puede lograr un progreso significativo en la colocación de bienes raíces.

10. Integración del portal de correlación inmobiliaria en un nuevo software para agentes de bienes raíces que incluya la valoración de inmuebles

Como culminación, el portal de correlación inmobiliaria aquí descrito puede o debería ser desde el principio un componente importante en un nuevo software para agentes de bienes raíces que pueda usarse idealmente en todo el mundo. Es decir, los agentes de bienes raíces podrían usar el portal de correlación inmobiliaria adicionalmente a su software de bienes raíces o, de manera ideal, utilizar el nuevo software para agentes de bienes raíces que incluya el portal de correlación inmobiliaria.

Mediante la integración de este eficiente e innovador portal de correlación inmobiliaria en un propio software para agentes de bienes raíces, se logrará una característica única fundamental que será esencial para la penetración del mercado.

Como la valoración de inmuebles siempre ha sido y seguirá siendo una parte integral fundamental en la colocación inmobiliaria, se debería integrar definitivamente una herramienta de valoración de inmuebles en el software para agentes de bienes raíces. La valoración de inmuebles con los métodos de cálculo correspondientes podrá tener acceso a los datos y parámetros relevantes de los bienes raíces ingresados/ colocados del agente de bienes raíces mediante vínculos. De ser necesario, el agente de bienes raíces completará los parámetros faltantes mediante su propia experiencia del mercado regional.

En el software para agentes de bienes raíces debería también haber la posibilidad de integrar los llamados recorridos virtuales del inmueble para los bienes raíces que se desee colocar. Esto se podría implementar, por ejemplo, de manera simplificada desarrollando una aplicación adicional para el teléfono celular y/o la *tablet*, la cual después de la grabación exitosa del recorrido virtual del inmueble se integrara automáticamente en el software para agentes de bienes raíces.

Al integrar el portal de correlación inmobiliaria eficiente e innovador en un software para agentes de bienes raíces junto con la valoración de inmuebles, se eleva el posible potencial de ventas de manera considerable.

Matthias Fiedler
Korschenbroich, a 31/10/2016

Matthias Fiedler
Erika-von-Brockdorff-Str. 19
41352 Korschenbroich
Alemania
www.matthiasfiedler.net

www.ingramcontent.com/pod-product-compliance
Lightning Source LLC
Chambersburg PA
CBHW071526210326
41597CB00018B/2916